Christian August Vulpius

Elisinde

Christian August Vulpius

Elisinde

ISBN/EAN: 9783337320614

Hergestellt in Europa, USA, Kanada, Australien, Japan

Cover: Foto ©Thomas Meinert / pixelio.de

Weitere Bücher finden Sie auf **www.hansebooks.com**

Elisinde.

Eine Original=Operette

in drei Aufzügen

von

C. A. Vulpius.

Chi non proua amore, amor non crede,
E fede non può dar chi non ha féde.

Guarini.

Bayreuth und Leipzig,
bey Johann Andreas Lübels Erben 1790.

Personen:

Fee Zofira.

Prinzessin Elisinde.

Amira,
Oltane, } ihre Gesellschafts-Damen.

Astolfo, Ritter.

Ruttilio, sein Stallmeister.

Surabine.

Prinz Balandrino.

Marzilio, König von Antor.

Jaffor, sein Hofnarr.

Oskar, Knappe, in Diensten der Prinzessin Elisinde.

Ritter. Pagen. Gefolge. Bediente.

(Die Szene ist auf der Blumeninsel im Feenreiche gelegen.)

Erster Aufzug.

(Freier Plaz mit einzelnen Bäumen. In der Mitte des Theaters steht ein prächtiges Gezelt, dessen Inners man sieht.)

Erster Auftritt

Elisinde. Amira. Oliane.

(sizen vor dem Gezelte, und beschäftigen sich mit Blumenguirlanden.)

Elisinde.

Erquickend ist das Kosen
des Westwinds jungen Rosen,
der sie so sanft umfächelt,
der sie so lieblich kühlt,
und in den Blättern wühlt, —
die Rose sieht's und — lächelt!

Amira und Oliane.

Die Rose sieht's und — lächelt!

Elisinde.

Sie hört des Bienchens Schwirren,
sieht kreisend sich umirren,
sie wird geküßt, umfächelt,
an ihren Blättern hieng
der bunte Schmetterling, —
die Rose sieht's und — lächelt.

Amira und Oliane.

Die Rose sieht's und — lächelt.

Elisinde.

Doch will sie einer brechen,
wird sie den Frevler stechen.
Des Zefirs sanftes Fächeln,
des Bienchens Minnegruß,
des Schmetterlinges Kuß
entlokt ihr nur ein Lächeln!

Amira. Oliane.

Entlokt ihr nur ein Lächeln!

Zweyter Auftritt.

Vorige. Oskar.

Oskar. Gnädigste Prinzessin! So eben
ist eine Barke gelandet. Ein Ritter, wel=
cher

cher sich auf derselben befindet, bittet um Erlaubniß, auf diesem Eilande das Ziel seiner
Wünsche, und sein Glük suchen zu dürfen.

Amira. Wieder ein neuer Liebhaber!
die armseligen Geschöpfe lassen sich nicht ver-
treiben und wenn's ihnen noch so elend er-
gieng.

Oliane. Das Unglük muß ein wahrer
Magnet für die Herrn seyn.

Ellsinde. Sie seufzen ja so gern, laß
sie seufzen. Je mehr Seufzer, ie mehr Stoff
für uns zum Lachen. — Er soll nur kommen.
Es sey ihm erlaubt, sein Glük und das Ziel
seiner Wünsche hier zu suchen, wenn er Ge-
duld genug hätte, alles zu ertragen, was seine Hoffnungen von ihm forderten.

Oliane. Hör doch, Oskar, ist er
hübsch?

Oskar. O ja! ein schöner iunger
Mann!

Amira. Lustig? munter? rasch?

Oskar. Keins von allen. Er sieht sehr traurig aus. 's muß ihm etwas Betrübtes im Kopfe stecken.

Oliane. Kein Wunder, wenn er gehört hat, wie es seinen Vorgängern gegangen ist. — Ich schwöre darauf, daß nicht die Hälfte von dem Schwarme noch am Leben ist, der sich so nach und nach hier anzusezen willens war.

Elisinde. Kömmt er traurig an, wird's ihm nicht schwer fallen, mißvergnügt wieder wegzugehen. Er mag sein Heil versuchen.

(Oskar ab.)

Dritter Auftritt.

Elisinde. Amira. Oliane.

Oliane. Du armer Ritter! wo wirst du noch in der Welt dein Leben beschliesen?

Amira. In einer Einöde, oder im Wasser?

Oliane. Nun vor dem Wasser nehmen sich die Herren so ziemlich in acht, wenn sie einmal abgereist sind. Das geschieht nur

in

in der ersten Hize, wenn die Flamme noch zu gros ist.

Amira. Ein Kühlbad, um welches ich keinen einzigen beneide.

Oliane. Ich auch nicht.

Elisinde. Und doch gab es eine Sappho, welche die Leidenschaft vom Felsen ins Meer trieb.

Oliane. Vor alten Zeiten wohl, aber iezt. —

Amira. Es ist eine wahre Schande vor unser Geschlecht! Man sollte das Andenken an diese Närrin, ganz aus dem Gedächtniß der Menschen verbannen.

Oliane. Die Männer sorgen schon davor, daß solche Geschichtchen nicht vergessen werden.

Amira. Ein häßliches Volk, die Männer!

Elisinde. Es ist aber doch gut, daß sie da sind. An wen könnten wir denn sonst unsre Launen auslassen?

Ami=

Amira. In so fern, freilich. —

Elisinde. Da die Affen nun einmal nicht so leicht zahm zu machen sind, so ist's doch wirklich recht gut, daß es Liebhaber giebt. Man müste vor Langeweile sterben, wenn die herzbrechenden Schmerzensmänner nicht in der Welt wären.

Amira. Ha ha! allerliebst gesagt!

Oliane. Allerliebst!

Elisinde. Wie stark mag denn wohl gegenwärtig das Korps meiner Anbeter noch seyn?

Oliane. Man weis nicht, was sich in die Wälder verkrochen hat, um sich eine freiwillige Buse für ihre Narrheit zu auferlegen, von Wurzeln und Kräutern zu zehren — was in den Felsengründen noch dem Echo seine Klagen vorstöhnt, — ausserdem —

Amira. Zwölfe biß vierzehn, habe ich neulich noch beisammen gesehen, als man den tiefsinnigen Balandrino aus dem Wasser gezogen hatte. —

Eli-

Elisinde. Balandrino — der arme Narr, könnte mich beinahe —

Amira. Doch nicht dauern?

Elisinde. O ja! wenn ein Mann mich dauern könnte.

Oliane. Er ist ganz leutescheu geworden.

Amira. Ich glaube, mit seinem Verstande sieht's nicht zum besten aus!

Oliane. Er hat seine Waffen an eine Eiche gehängt, und die Schrift über dieselben befestigt: ich kämpfte, und wurde besiegt.

Amira. Sehr herzbrechend! Jezt irrt er in der Tracht eines arkadischen Schäfers mit seiner Flöte auf der Flur herum, klagt, winselt, ächzt, seufzt, stöhnt, schmükt sich mit Blumenkränzen, gräbt den Namen Elisinde in alle Bäume und Felsenwände, und macht Verse. —

Elisinde. Die ich nicht lese. Erst gestern, habe ich ein paar Duzzend seiner Sonette zu Papillioten verbraucht.

Olia:

Oliane. Also sind sie doch zu etwas gut.

Amira. Wenn er das wüste, er suchte die weggeworfenen Papiere alle auf, und küste sie tausendmal, weil sie das Glük hatten, den Haaren seiner Geliebten näher zu seyn, als er selbst.

Elisinde. Und solche Kreaturen nennen sich Herrn der Schöpfung!

Oliane. Es ist zum todlachen!

Elisinde. Es ist also sehr gut, wenn man diesen Herrn zeigt, was sie so ungefähr sind, und was wir aus ihnen machen können.

Wir machen die Herren der Schöpfung zu Affen,
wir können zu Schafen sie modeln und schaffen,
so wie's uns gefällt!
Es funkeln im Auge der Männer die Thränen,
wir lachen, sie seufzen, sie klagen und stöhnen,
die Herren der Welt!

Vier-

Vierter Auftritt.

Vorige. Ruttilio.

Ruttilio. Gnädigste Prinzeſſin — mein Herr, der fremde Ritter, welcher ſo eben nebſt mir, zwei Knappen, und drei Pagen angekommen iſt, deſſen Stallmeiſter ich zu ſeyn die Ehre habe. —

Oliane. Aber, warum führt ſein Herr ſo viele Leute mit ſich?

Ruttilio. Das hat, ſo wie alles in der Welt, ſeine Urſachen.

Oliane. Ein wenig höflicher, wenn ich bitten darf.

Ruttilio. Dürft nur befehlen.

Elſinde. Und ſein Herr —?

Ruttilio. Mein Herr läßt unterthänigſt für die hohe Erlaubniß, ſein Glük und das Ziel ſeiner Wünſche auf dieſem Eilande ſuchen zu dürfen, danken, läßt Euch aber auch zugleich ebenfalls unterthänigſt bitten und erſuchen, ihm zu erlauben, ſich ſo lange hier aufhalten, und ſich eine Eremitage an einem ein-

einſamen Orte errichten zu dürfen, bis das Orakel, welches ihn hieher gewieſen hat, in Erfüllung gegangen iſt.

Eliſinde. Ein Orakel führt ihn auf dieſe Inſel?

Ruttilio. Ein Orakel.

Eliſinde. Darf man es wiſſen?

Ruttilio. O ia! Es iſt aber ein wenig dunkel, wie die Orakel alle ſind.

Eliſinde. Hat nichts zu ſagen.

Ruttilio. Das Orakel, ſagte meinem Herrn: Ziehe auf die und die Inſel, **und harre dort bis das Ziel deiner Wünſche und dein Glük dir aus Eichenholz geboren wird.**

Amira. Aha! merkt Ihr es?

Oliane. Aus Eichenholz!

Eliſinde. Ich verſtehe es! Wozu wird man mein Herz noch machen? Die Dichter machten es ſchon längſt zu Marmor, zu Kieſel ohne Feuer, und nun macht es ein Orakel,

gar

gar zu Eichenholz. Lustig ist's anzuhören!—
Aber, mein Freund, sage er mir doch, wes=
wegen, fragte denn sein Herr das Orakel
um Rath?

Ruttilio. Bis iezt, weis ich es selbst
noch nicht. — Mein Herr wünscht die Er=
laubniß zu haben, seine Eremitage, so bald
als möglich, erbauen lassen zu dürfen.

Elisinde. Will er sich nicht vorher in
meinem Schlosse zeigen?

Ruttilio. Er sucht die Einsamkeit.

Elisinde. Sonderbar! — Hat er
mich schon gesehen?

Ruttilio. Unmöglich!

Oliane. Vielleicht sah er eins von den
unzähligen Abbildungen, welche die Abreisen=
den von Euch, mit sich nahmen.

Elisinde. Wohl möglich! Aber sein
Betragen, weis ich mir doch nicht zu erklä=
ren. — Sag er seinem Herrn, daß ich ihm
seine Bitte gern gewähren würde, doch wünsch=
te ich, ihn in wenig Stunden, an meiner Ta=
fel zu sehen, wo ich selbst mit ihm sprechen
wür=

würde. (sagt Olianen etwas ins Ohr.) —— Wie nennt sich sein Herr?

Ruttilio. Astolfo, genannt, der Ritter von den silbernen Thränen.

Elisinde. Ein trauriger Beiname!

(geht mit Amira ab.)

Fünfter Auftritt.

Oliane. Ruttilio.

Oliane. Sein Herr kömmt wohl weit her?

Ruttilio. Uebers Meer.

Oliane. Wie sich leicht denken läßt! — Er soll sehr traurig seyn?

Ruttilio. Ich habe ihn seit 10 Monaten nicht anders gesehen.

Oliane. Vorher, war er es also nicht?

Ruttilio. Nichts weniger.

Oliane. Er muß doch Ursache haben, traurig zu seyn!

Ruttilio. Die mag er wohl haben.

Olia=

Oliane. (vor sich.) Der ist gestimmt!

Ruttilio. (vor sich) Die will mich ausforschen!

Oliane. Ist sein Herr verliebt?

Ruttilio. Er ist noch iung.

Oliane. Das heist: ia? — Was hält er von der Schönheit der Prinzessin?

Ruttilio. Das ist ein Stük vor den Kenner.

Oliane. Er ist also ganz unempfindlich, bei einer artigen Figur?

Ruttilio. So ein groser Sünder bin ich nicht. Aber die Schönheit einer Prinzessin gehörig zu schäzen, dazu gehört ein Prinz, oder so etwas. Ich bin nur Stallmeister, versteh' mich wohl auf Pferde, aber auf die Schönheit hoher Häupter nicht.

Oliane. Jezt ist blos von der Schönheit die Rede, und ich denke, diese kann ein Stallmeister so gut beurtheilen, als sein Herr.

Ruttilio. Schönheit gehört immer vor den Liebhaber, und von diesen ist auch die beste

ste Taxe zu erwarten. Was ich liebe, weis
ich zu schäzen, aber was mich nicht interessi=
ren darf, darüber fäll ich auch kein Urtheil.
Was deines Amts nicht ist, laß deinen Vor=
wiz.

Ein Auge, das mir Liebe lacht,
ein Mund für mich zum Küssen,
die werd' ich, auch um Mitternacht,
wohl zu tariren wissen. —
Doch weis ich, dieser Rosenmund,
und diese Purpurwangen,
und dieser Busen, voll und rund,
dies Auge voll Verlangen,
ist nicht für dich, — so laß ich kein
unnöthiges Tariren seyn!

(ab.)

Sechster Auftritt.

Oliane.

Oliane. Hm! der Herr Stallmeister
ist entweder sehr klug, oder sehr einfältig. —
— Wenn ich die Sache recht überlege ———
es scheint nicht, als ob seinen Herrn der Ruf
von der Schönheit der Prinzessin hieher ge=
lokt

loft hätte. — Und das Orakel? — Aus
Eichenholz? — Sein Glük soll ihm aus
Eichenholz geboren werden? Eichenholz?
wenn das keine Allegorie auf das Herz der
Prinzessin ist, so wird wenigstens eine Lanze
zum Vorschein kommen. Hahaha!

Sechster Auftritt.

Oliane. Oskar.

Oskar. Ein schöner Lärm!

Oliane. Hat sich einmal wieder ein
Liebhaber der Prinzessin umbringen wollen?

Oskar. Nein! das Corps hat wieder
neue Verstärkung erhalten.

Oliane. Wieder einer angekommen?

Oskar. Ja wohl! Ein schöner Hecht!
der König von Antor. Eine kleine, krumbei-
nigte, buklichte Gestalt, eine Figur, wenn's
keine königliche wär, zum tollachen. — Er
hat das Porträt der Prinzessin in der Hand,
küßt es ohne Aufhören, und ist schon zweimal
in Ohnmacht gefallen.

Oliane. Die Liebe wirkt also, wie es scheint sehr heftig auf seine Nerven.

Oskar. Hier bringen sie ihn geführt.

Oliane. Eine rührende Figur! — Melde seine Ankunft gleich der Prinzessin, sie ist im Garten.

Oskar. Sie wird sich sehr freuen!

(ab.)

Oliane. Armer König! sollte dir die Liebe deine Krone reichen, du hättest nicht so viel Land, als du Spannen lang bist!

Siebenter Auftritt.

Oliane. Marzilio. (geführt von zwei Dienern.) **Jaffor. Ritter. Pagen. Gefolge** (mit Flöten und andern sanften blasenden Instrumenten.)

Marzilio.

Dieses Herzens sanftes Klopfen,
für dich! — für dich! —
diese hellen Thränentropfen,
um dich! — um dich!
Geliebte mein! —

die=

dieser Lippen Wonneleben,
dieses Busens innres Streben,
für dich allein!

Süsses Weh ergreift die Sinne —
wollustvolle Trunkenheit!
selbst in Todesnot der Minne,
reist mir süsse Seeligkeit!

(sinkt unter Küssen des Bildes, welches er in der Hand
hält, auf ein Soffa, zu welchem man ihn geführt
hat, in Ohnmacht.)

Oliane Ohnmacht über Ohnmacht! —
Ein empfindsamer Liebhaber!

Jassor. Die Krisis geht bald vorüber.
(zum Gefolge) Geht nur, und last die Gezelte
aufschlagen.

(Das Gefolge auffer den
Pagen geht ab.)

Oliane. Es scheint eine Art von Schwin-
del zu seyn. —

Jassor. Der Liebesschwindel. Auf der
ganzen Welt kann niemand so sehr damit ge-
plagt seyn, als mein gnädigster König und
Herr. Und seitdem er das Bild der Prinzessin Elisinde erwischt hat, wird das Malheur
immer schlimmer.

B 2 Olia-

Oliane. Er scheint wieder zu sich zu kommen.

Marzilio. — Wie? — was hör ich? — ist das Elisindens Silberstimme?—

Jassor. Die Prinzessin ist nicht selbst da, aber eine ihrer Gesellschaftsdamen — scheint es zu seyn.

Oliane. Getroffen!

Marzilio. Wo ist sie? warum eilt sie nicht zu ihrem liebekranken Marzilio?

Jassor. Sie wird wohl an der Toilette sitzen. —

Marzilio. Ich muß hin! Ich muß ihre enthüllten Reize erspähen, um im Meere wonnevoller Freuden süsses Entzücken der Minne zu schöpfen. —

Jassor. Das möchte sie übel nehmen.

Marzilio. Meinst du?

Jassor. Ei freilich! Toilettenvisitten, werden nicht sogleich, in der ersten Minute, vergönnt. —

Mar-

Marzilio. Du haſt recht!—Ach!—ich weis ſelbſt nicht, was ich will. —

Oliane. (vor ſich) 's kömmt mir auch ſo vor!

Marzilio. Die Liebe macht mich zum Kinde.

Jaſſor. Kein Wunder, da ſie gern mit ihres gleichen ſpielt.

Marzilio. Meine Schreibtafel her—(nimmt einem Pagen die Schreibtafel ab.) ich muß mein Gedicht an Eliſinden vollenden.

Jaſſor. (zu einem Pagen) Geſchwind eine Flaſche Zyperwein!

(ein Page geht ab.)

Marzilio. Bringt mich in dieſes Gezelt. Hier hat auch ſie vielleicht geſeſſen. —

Oliane. Dieſen Morgen noch.

Marzilio. O! ich Glücklicher!

Oliane. Dieſes Soffa hat ſie erſt vor kurzer Zeit verlaſſen.

Mar-

Marzilio. O! ihr Götter! ich fühle neue Kräfte! Himmelswonne durchbebt mein Innres! o! Soffa! Soffa! wie glüklich warst du, diese reizende Last zu tragen! deine Pflaumen um ihre runden Hüften zu lagern, und den süßen Druk der Erdengöttin zu empfinden! *wirft sich nieder, und küst das Soffa enthusiastisch.* Ach! meine Seele schwebt auf meinen Lippen!

Jassor. Nun? wie gefällt euch dieser Trait?

Oliane. Ein Liebhaber ohne Vergleichung!

Marzilio. Auf diesem Soffa will ich dichten, es wird mich begeistern, wie der Dreifuß die pythische Priesterin.

Jassor. Diese Inspiration kömmt also nicht von oben.

Marzilio. Bringt mich in das Gezelt — ich bin außer mir!

(Sie bringen ihn nebst dem Soffa, auf welches er sich sezt, in das Gezelt. — Der Page bringt Wein, Jassor schenkt ein Glas voll und sezt es vor dem König auf einen Tisch. Ein andres Glas und die Flasche behält er in den Händen.)

Olia=

Oliane. Hier müssen alle Liebhaber der Prinzessin noch in die Schule gehen. — Und das ist auch ein Mann! — Sollen wir nun Ehrfurcht vor den Männern haben, oder sie vor uns?

Jassor. (schenkt sich ein.) Was wir lieben! (trinkt) Ists gefällig?

Oliane. Zyperwein?

Jassor. Zyperwein, mein Täubchen, und so ächt und rein, als man ihn nur haben kann. (schenkt ein.)

Oliane. J nun! — ein Gläschen —

Jassor. Kann nicht schaden. — Wohl bekomm's!

Oliane. (trinkt) Ein herrlicher Wein!

Jassor. Wahrer Nektar! — Es trinkt ja alles in der Welt, warum sollten die Menschen eine Ausname machen?

Es trinkt die Flur, der Hain, die Au,
des Morgens frischen Perlenthau.
die Erde trinkt, es trinkt die Luft
den angenehmen, leichten Duft.

Die

Die Sonne trinkt im Ozean,
es trinket, was nur trinken kann. —
Doch alles schlukt nur Wasser ein,
wir aber, trinken Zyperwein!

Oliane. Ich muß gestehen. —

Jassor. Noch eins? (schenkt ein.) Hier!—
die kleine runde Hebe, wird sich im Olimp
auch nicht vergessen, wenn sie kredenzt. Der
Wein wächst für Männer und Weiber.

Oliane. (trinkt.) Delizios!

Jassor. Das freut mich, daß der Wein
schmekt! Es ist auch so ungefähr das Beste,
was wir bei uns führen. Zu Hause haben wir
Vorrath. Sollte mein Herr so glücklich seyn,
der schönen Prinzessin zu gefallen, so wollen
wir, denke ich, noch manches Gläschen zusammen leeren.

Oliane. Hm! — was das betrift. —

Jassor. So wären wir so weit noch
nicht, meint Ihr — ich denke es auch!
(sieht sich um.) Bei meiner Seele! der König
ist eingeschlafen. Auch gut! vielleicht ist ihm
Morfeus günstiger als Amor, und wirft ihm
                                              seine

seine Herzensgebleterin in die Arme. Ein
Traum ist doch wenigstens besser, als gar nichts!

Oliane. Also, der König, ist wirklich
recht sehr in die Prinzessin verliebt?

Jassor. Zum Erstechen!

Oliane. Blos durch ihr Bildniß in sie
verliebt geworden?

Jassor. Blos!

Oliane. Und dies erhielt er?

Jassor. Ein junger Rittersmann lan=
dete einst in unsern Hafen. Kaum war er ans
Land gebracht worden, als er in den Armen
seines Knappen seinen Geist aufgab. Sein
leztes Wort, welches sich seine sterbenden Lip=
pen zu nennen bemühten, war: Elisinde,—

Oliane. Aha! —

Jassor. Der König hatte Mitleid mit
seinem Zustande, und sorgte vor sein Begräb=
niß. Auf seiner Brust fand man das Bild=
niß, in welches sich der König sogleich, weil
er eben Wittwer geworden war, unsterblich
verliebte. — Aber nun fragte sich's, wo

das

das Urbild zu finden sey? das Orakel im Lan=
de, war so gefällig, zu sagen, es sey das
Bild der schönen Prinzessin Elisinde, welche
die Fee Zofira auf die Blumeninsel verbannt
habe.

Oliane. Machte das Orakel dem Kö=
nige Hoffnung, von der Prinzessin Gegenlie=
be zu erwarten?

Jassor. Es drükte sich sehr dunkel aus.
Du findest, sprach es, deinen längst
verlornen Bruder in den kalten Ar=
men einer todten Schönen. Der dop=
pelten, wohlgewählten Strafe folgt
Entzücken.

Oliane. Sonderbar genug!

Jassor. Sonst wär es kein Orakelspruch.

Oliane. Der König sucht also zu glei=
cher Zeit auch einen verlornen Bruder?

Jassor. Welcher schon, als er kaum
zwölf Jahr alt war, durch Zauberei, oder, der
Himmel weis wie, vom Hofe seines Herrn
Vaters, wegkam, ohne daß man seit der Zeit
die geringste Spur von ihm entdekt hat. ——

Aber,

Aber, sagt mir doch, warum wurde denn eigentlich die Prinzessin von der Fee hieher verbannt?

Oliane. Aus Eifersucht. Die Fee liebte einen jungen Ritter, welcher zum Sterben in die Prinzessin verliebt war. Da die Fee sah, daß sich Liebe nicht gebieten läßt, so nahm sie sich zulezt zum Scheine des Ritters an. Die Prinzessin, welche sich aber nie so weit erniedrigen wird, einen Mann zu lieben, konnte dem zärtlichen Rittersmann nicht den süssen Sold der Minne gewähren. Er stürzte sich aus Verzweiflung in sein Schwerdt, und die Fee, unterm Vorwande, seinen Tod zu rächen, verbannte die Prinzessin auf die Blumeninsel, wo sie sich aber ganz wohl befindet, und wo es ihr leider! so wenig an Liebhabern fehlt, als an Blumenkränzen.

Jaffor. Jezt fragt's sich's aber: ist die Prinzessin aus Instinkt, oder aus Affektation, so grausam gegen ihre Liebhaber?

Oliane. Hm! man kann's nehmen, wie man will! — Ein Liebhaber ist bei alle dem eine höchstlächerliche Figur.

Jaf

Jaffor. Man kann's nehmen, wie man will! — Rührt sie denn der Tod so vieler Unglüklichen nicht?

Oliane. Nicht im geringsten!

Jaffor. Und das Ende der Geschichte?— Sie bleibt eine alte Jungfer, und wenn die Minnenjahre vorüber sind, wird sie ihren Eigensinn bereuen.

Oliane. Es kömmt darauf an!

Jaffor. Ha! ich kenne die Weiber!

Oliane. Wirklich?

Jaffor. Ich rede aus Erfahrung. Sechszehn Jahre trage ich diese Schellenkappe, vorher trug ich eine andre. Diese ernährt mich, die andre, brachte mich um Habe und Gut.

Duett.

Oliane. Du kennst die Weiber? — liebtest
du?

Jaffor. Die Weiber ehmals — iezt, die
Ruh.

Oliane.

Oliane. Ist nicht der Liebe Spur geblieben?
und wirst du niemals wieder lieben?

Jassor. Das kann wohl seyn!
Doch wollte mich die Liebe kränken,
so wüste ich im Wein
die Sorgen zu ertränken.

Oliane. Gewährt der Wein dir das Entzüken,
womit die Liebe kann beglücken?

Jassor. Nicht eigensinnig ist der Wein,
man nimmt, man trinkt, man schenkt
sich ein,
Er ist Bezwinger aller Sorgen,
dem Zecher lacht der schönste Morgen
auch in der trüben Mitternacht.

Oliane. Doch ob er wohl auch glüklich
macht?

Jassor. Ha! Wein! schenkt Glük und hohe
Freuden,
vertreibt den Gram, verschwemmt die
Leiden,
kennt Launen nicht und Ziererei,
bleibt immer Freund, bleibt ewig treu.

Oliane. { Doch Weiber liebtest ehmals
du?
Jassor. { Jezt, lieb' ich Wein und meine Ruh!

Neun-

Neunter Auftritt.

Vorige. Ruttilio.

Jaffor. Wer ist der?

Oliane. Der Stallmeister eines fremden Ritters, welcher so eben angekommen ist.

Ruttilio. Ich suchte die Prinzessin.

Oliane. Was er ihr zu sagen hat, kann ich auch ausrichten.

Ruttillo. Mein Herr ist so ermüdet von der Fährt, daß er heute unmöglich noch der Prinzessin seine unterthänige Aufwartung machen kann; zumal in seiner jezigen Gestalt. Denn er hat ein Gelübde wegen einer gewissen Affäre gethan, ausser Schild und Schwerd, keine andre Rüstung eher zu tragen, bis er die Waffen eines fremden Ritters erkämpft hat. Und ohne Rüstung, meint er, sey es nicht schicklich an einem Hofe, bei einer Tafel zu erscheinen, wo sich so viele gewappnete Ritter befinden.

Oliane. Sein Herr scheint ein grosser Sonderling zu seyn.

Rut-

Ruttilio. Umstände — Verhältnisse —

Oliane. Ich werde der Prinzessin seine Botschaft überbringen.

(ab.)

Zehnter Auftritt.

Marzilio. (schlafend.) Jaffor. Ruttilio.

Jaffor. Bist du verliebter Komplexion, guter Freund?

Ruttilio. Die Zeit, wo ich es war, ist vorüber.

Jaffor. Auf dieser Insel, ist das ein sehr köstliches Präservativ, um sich, wie ich merke, nicht Schande und Spott auszusezen. — Aber, Zyperwein trinkst du?

Ruttilio. Wenn ich welchen habe!

Jaffor. Also, in allen, wie ich! (schenkt ein.) Damit kann ich dermalen dienen.

Ruttilio. (trinkt.) Wetterelement! ist das ein Wein!

Jaffor. Er hat so viel Feuer, wie ein Kuß. —

Rut-

Ruttilio. Weit mehr! Um einen Kuß
ist es nun so ein Ding. Die Seele schwelgt,
und der Magen leidet Hunger und Kummer
dabei. Aber der Wein hat das vor einem
Kusse zum voraus, daß er Geist und Leib zugleich vergnügt.

Jassor. Herrlich definirt! du bist mein
Mann! — So lange wir hier sind, wollen
wir uns zusammen halten. Wein haben wir
in Menge, und die Zeit soll uns auch nicht
lang werden. Also, werden wir uns auch
nicht etwa vor lieber langer Weile verlieben,
wie das in der Welt gar oft der Fall ist. Man
liebt oft, weil man nicht weis, was man
sonst anfangen soll, um die Langeweile zu ver-
scheuchen.

Ruttilio. Leider! — Aber, sag mir
doch, wer ist denn der Schläfer im Gezelt?
Eine drollichte Figur!

Jassor. Das ist mein Herr, der König von Antor, er ist vor lauter Liebe —
(gähnt) eingeschlafen.

Ruttilio. Ist er in die Prinzessin hier
verliebt?

Jas-

Jassor. Freilich!

Ruttilio. Da wird er nicht viel Freude von seiner Liebe erleben. —

Jassor. Er kann darüber darauf gehen. Ohnehin ist er von sehr schwachen, reizbaren Nerven.

Ruttilio. Besser wärs freilich gewesen, wenn er daheim geblieben wär, denn die Prinzessin, soll ein wahrer Tieger gegen die Liebhaber seyn.

Jassor. Ich denke immer, es wird ihr noch zu Hause und zu Hof kommen!

Ruttilio. Sie kömmt.

Jassor. Nun! das wird eine rührende Szene werden!

Zehnter Auftritt.

Vorige. Elisinde. Amira. Oliane.

Elisinde. Der König —?

Jassor. Schläft.

Elisinde. Hahaha! eine reizende Figur!

C   Ami=

Amira. Hahaha! ein schöner Herzens=
eroberer!

Marzilio. (erwacht.) Ihr Götter! —
was seh ich!

Elisinde, Jezt bricht das Liebesgewit=
ter los!

Marzilio. (wankt auf.) Elisinde! —
Liebe, oder Tod! (stürzt vor ihr nieder.)

Jassor. Ihr Götter! verleiht ihm Kräfte!

Oliane. (zu Amiren.) Ein wehmuthsvol=
ler Anblik.

Finale.

Marzilio. Tod, oder Leben! — Elisinde!
  Was ich leide, und empfinde,
  schildert keine Sprache dir!
  Für dich leb' ich, für dich sterb'
      ich,
  um dem Sold der Minne werb'
      ich,
  Theure schenk — ach! scheuk ihn
      mir!

Elisinde. Meine Freiheit ist mir theuer;
  Liebe, ist ein Ungeheuer
  das ich fliehe, weil ich kann!
                    Ami=

Amira.
Oliane. (ironisch) Ach! der arme — arme Mann!

Marzilio. Sieh, in Thränen mich zerflieſen,
ach! sie flieſen all' um dich!

Eliſinde. Dieſe Thränen zu vergieſen,
ei! wie ſchwach, wie lächerlich!

Marzilio. Ach! ich ſterbe! — Eliſinde! —

Jaſſor. Eine Ohnmacht! (zu den Pagen) nur
geſchwinde. —

(ſie heben ihn auf und ſezen ihm auf ein Soffa.)

Marzilio. Rühren die Thränen, —
Seufzen und Stöhnen,
rührt es dich nicht?

Eliſinde. Seufzer und Thränen,
ängſtliches Stöhnen
rühren mich nicht!

Jaſſor und Ruttilio. Härter wie ein
Marmorſtein,
muß ihr Herz wahrhaftig ſeyn!

Marzilio. Kannſt du nicht lieben — gieb
mir den Tod —
ende die Leiden, den Jammer, die Not,

boh-

bohre in Busen den mordenden
Stahl,

ende, ach! ende die grausame Qual.

Elisinde. Qualen der Liebe, sind süsse und
leicht,

der Liebende leidet, und duldet und
schweigt.

Marzilio. Grausame Schöne!

Elisinde. Ei! wie galant!

Marzilio. Holde Sirene!

Elisinde. Süsser Infant!
mich zu verlieben, bin ich zu klug,
habe zum Spielen, auch Affen ge=
nug!

Jassor. So was zu hören —

Ruttilio. 's ist zum Ersticken!

Marzilio. Wird mich denn nimmer ein Lä=
cheln beglücken?

Elisinde. Nimmer!

Marzilio. Ach! fürchte den stra=
fenden Gott!
Treibe mit Männern und Liebe
nicht Spott.

Eli=

Elisinde. Blind ist Kupido —

    Marzilio. Doch trift er sein Ziel.
      Spotte des Schützen. ach! nimmer
          so viel!

Elisinde. Laßt von Amorn Euch kuriren,
      und von diesem Wundermann,
      Euch zu einer andern führen,
      die Euch wieder lieben kann!

Amira und
  Oliane.
        ⎰ Laßt von diesem Wundermann,
        ⎟ Euch zu einer andern führen,
        ⎱ die Euch wieder lieben kann!

Jassor und
  Ruttilio.
        ⎰ Amor dieser Wundermann,
        ⎟ wird zu einem Weib' ihn führen,
        ⎱ das ihn wieder lieben kann.

(Elisinde, Amira, Oliane, eilen ab. — Marzilio
sinkt auf den Stuhl zurück.)

(Der Vorhang fällt.)

Zweiter Aufzug.

Freie Gegend. Im Hintergrunde des Theaters eine Felsenwand mit einer Grotte. — In der Mitte des Theaters steht eine sehr dicke Eiche, an welcher eine völlige, ritterliche Rüstung nebst Schwert, Schild, Helm und Lanze, aufgehängt ist. Unter diesen Waffenstücken, ist ein schwarzes Bret festgemacht, auf welchem mit goldenen Buchstaben, die Worte:

ICH KAEMPFTE, UND WURDE
BESIEGT

zu lesen sind. — An der Seite sind einzelne Büsche und Rasenbänke.)

Erster Auftritt.

Astolfo (mit fliegenden Haar, ohne Waffen, als ein Schwerd an der Seite.)

Senk, süsse Hoffnung, dich zu mir hernieder,
und schenk Gewißheit einem Zweifler wieder,
der ängstlich iezt, vielleicht mit täuschendem Ge=
fühle,
sich dem ersehnten Ziele,
erquikt von süssen Troste, naht. —
    Ihr Bäume, sagt, ob Suradine
hier dieses Thal betrat?

sagt,

sagt, weilte ihre Zaubermiene
bei diesem Fels, bei diesem Baum?
sagt, lag sie schlummernd hier
im angenehmen Traum?
in einem Traum von mir? —
Ach! lispelt Antwort mir ihr sanften Winde zu,
ein Wort schenkt mir Zufriedenheit und Ruh!
(sieht sich um) Was seh' ich? Waffen an einer
Eiche? — (geht zu derselben und liest.) „Ich
kämpfte, und wurde besiegt!" — Auch
überwunden? doch wohl, von deinem Neben=
buler nicht, wie ich? —

Zweyter Auftritt.

Astolfo. Ruttilio.

Ruttilio. Wenn Euch das Plätzchen
dort gelegen ist, so will ich die Zimmerleute
anweisen, unter jenem Trippel Pappelbäu=
men, beim Ausgange des Waldes, die Ere=
mitage zu errichten.

Astolfo. Recht gut!

Ruttilio. Eine schöne Aussicht habt
Ihr dort. Eine Quell fließt in der Nähe, auf
jedem Zweige scheint eine Nachtigall zu sizen,
und die Blumen im Thale duften herrlich.

C 4   Astol

Aſtolfo. Beſorge nur, daß das Haus
ſo bald als möglich, fertig wird.

Ruttilio. Das wird nicht lange
dauern. Das Holz iſt ſchon zugeſchnitten,
und ſo eine Eremitage erfordert keinen groſen
Baumeiſter. Dieſen Abend noch könnt Ihr
einziehen.

Aſtolfo. Sag den Knappen und Pa=
gen, ſie ſollen ſogleich wieder nach Zoſirens
Inſel ſchiffen, und ihr dieſen Brief überrei=
chen. Du, bleibſt bei mir.

Ruttilio. Herzlich gern! — Ich will
alles gleich beſorgen.

(ab.)

Dritter Auftritt.
Aſtolfo.

Suradine! — Suradine! — Werde ich
dich hier finden? wird das Schikſal dich, mir
getreu, wiedergeben? — Ja! getreu biſt
du mir geblieben, mein Herz ſagt es mir, und
die Verheiſung des Orakels, wird mich nicht
täuſchen.

(Die Melodie des folgenden Geſanges
wird auf einer Flöte, hinter der Szene
geblaſen.)

Wer

Wer entlokt der sanften Flöte, so süsse, schwär=
merische Töne? — Ein iunger Hirt? —
Er nähert sich. Sein Auge blikt wehmutsvoll
zur Erde. — Dies ist der leidenden Liebe Blik!
Er liebt, und leidet. (Tritt ins Gebüsch.)

Vierter Auftritt.

Astolfo. Balandrino. (in romantischer
Schäfertracht, Blumen in seinen fliegenden Loken, einen
Zipressenkranz um seine Schläfe geschlungen,
eine Flöte in der Hand.)

Balandrino.

Ich sah sie, wie sie bei mir stand,
sie drükte freundlich mir die Hand,
sie sprach, ich sollte fröhlich seyn,
sie wollte stillen meine Pein.

Da war ich froh, vergas mein Leid,
ganz war sie Lieb' und Zärtlichkeit,
ich troknete die Thränen ab,
und nahm den Kuß, den sie mir gab.

Ach schnell entfloh der goldne Traum!
ich lag erwacht, an einem Baum,
sie war nicht da, stand nicht bei mir —
Wie träumt sich's doch so süß von ihr!

Astolfo. (tritt hervor.) Wer bist du?

Balandrino. Ein Unglüklicher.

Astol=

Astolfo.

Bist du bekannt in dieser Gegend?

Balandrino. Ach! leider, nur zu gut!

Astolfo. Weißt du, wem diese Waffen an der Eiche gehören?

Balandrino. Mir.

Astolfo. Und der Verlust derselben durch einen Kampf, macht dich so traurig?

Balandrino. Ich kämpfe mit einem Feinde, gegen dessen Pfeile keine Rüstung zu stark ist.

Astolfo. Du liebtest unglücklich?

Balandrino. Ich liebe noch, und leide! — Umsonst rinnen Thränen über meine bleichen Wangen, umsonst erfüllen meine Seufzer die Lüfte, und meine Klagen die Haine; Sie troknet diese Augen nie!

Astolfo. Bist du auch ein Opfer der Grausamkeit Elisindens?

Balandrino. So gut wie du.

Astolfo. Ich nicht!

Ba-

Balandrino. Und kömmst hieher?
was trieb dich auf dies iammervolle Eiland?

Astolfo. Ein Orakelspruch. — Aus
Eichenhölz, so lautet er, soll das Ziel mei=
ner Wünsche und mein Glük mir geboren wer=
den: — Wie nennst du dich, Unglüklicher?

Balandrino. Balandrino.

Astolfo. Balandrino? Ihr Götter!
Balandrino? — Freund! hebe deine Augen
auf! Kennst du mich nicht mehr?

Balandrino. Mein Unglük hat mich
gleichgültig gegen alle Bekanntschaften gemacht.
Ich habe keine Freunde mehr — verlange kei=
ne zu haben.

Astolfo. Auch deinen Astolfo nicht?

Balandrino. Astolfo? — (sieht ihn
schweigend an.) Ach! (lehnt sich weinend auf Astol=
fos Schulter.) Astolfo!

Astolfo. An den Busen deines Freun=
des! — Balandrino! kehrt kein einziger
Freudenstral in deine matte Seele zurük?

Ba=

Balandrino. (aufs Herz) Hier ist alles öde! Hieher dringt kein Götterfunke der Freude — hier ruht nur Elisindens Bild. —

Astolfo. Freund! dein Zustand bricht mir das Herz! — Auch ich habe geduldet, gelitten — aber lezt brechen der Hoffnung Morgenstralen wieder in mein Herz. — Suradine!

Balandrino. Suchst du sie hier?

Astolfo. Ich hoffe sie hier zu finden. — Erinnerst du dich noch der glüklichen Tage in Zofirens Reiche?

Balandrino. Dort warst du glüklich, warst in Besiz von Suradinens Herzen. — Wurde sie dir geraubt?

Astolfo. Verhüllt in ritterliche Rüstung, schlich sich der Zauberer Astarto herbey, forderte mich, von Suradinens Reizen bezaubert, zum ritterlichen Kampfe. Ich kämpfte, unterlag, und erkannte erst iezt meinen überlegenen Feind. Suradine war des ungleichen Kampfes Preis. Ein Wink des Zaurers, entzog die Weinente meinen Augen. Ich fürchtete nichts für ihre Ehre, da der von

Zo=

Zofiren ihr geschenkte Talisman sie schüzt,
doch für ihr Leben bebte ich. — Ich wandel-
te iezt klagend in Zofirens Hainen, wo ich zu-
vor in Suradinens Armen glüklich war. Lange Zeit blieb ich trostlos, und schon war ich
entschlossen mein mir verhaßtes Leben zu en-
den, als das Orakel wieder Mut in dies von
Schmerz zerrissene Herz flößte. — Ich irrte
ohne Waffen hieher. —

Balandrino. Ohne Waffen?

Astolfo. Ein Schwur verbindet mich,
nichts als Schild und Schwerd zu führen, bis
ich so glüklich bin, eine Rüstung zu erkäm-
pfen. —

Balandrino. Ihr Götter! Elisinde!
(stürzt auf eine Rasenbank und verhüllt sein Gesicht.)

Astolfo. Freund! (beschäftigt sich liebevoll
mit ihm.)

Fünfter Auftritt.

Vorige. Elisinde. Amira. Oliane.

Elisinde.

Thoren spielen nur mit Küssen
ihre Lebenstage hin,

Stan-

Stunden voll von Kümmernissen,
sind der Zärtlichkeit Gewinn.
Freiheit führt am Rosenbande,
zu dem goldnen Zauberlande,
wo des Lebens Freude thront.

Astolfo. (zu Balandrino.) Ruhig Freund!
ich will der Stolzen ihre Spöttereien vergel=
ten.

Elisinde. (zu Amiren.) Der Fremde ist
nicht höflich.

Amira. Er scheint Balandrino zu ken=
nen.

Oliane. (lächerlich tragisch.) Unglükliche,
finden sich leicht zusammen. Vielleicht quält
sie einerlei Leidenschaft.

Amira. Leicht möglich!

Astolfo. Ich bin Euch noch den Dank
für Eure Güte schuldig. Prinzessin, mich auf
dieser Insel eine Zeitlang zu dulten, empfangt
ihn hiermit, aus dem dankbarsten Herzen.

Elisinde. Ihr habt meine Einladung
zur Tafel, nicht angenommen. —

Astolfo. Ich wollte nicht in dieser
Tracht mich unter die Ritter Eures Hofes
mi=

mifchen. Ihr werdet gehört haben, wozu
mich ein Gelübd verbindet.

Elifinde. Ich wünfche nur, daß das
Orakel Wort hält, und daß fich Euer Glük
bald zeigt. Inzwifchen, eine Geburt aus
Eichenholz, kann eben, verzeiht es mir, keine Minerva feyn. Es müfte denn etwa von
einer Hamadryade die Rede feyn. — Denn
einer Dame wegen, feyd Ihr doch ganz gewiß
hieher gekommen —?

Aftolfo. Deren Befiz allein, das Glük
meines Lebens mir fchenken kann.

Elifinde. (fich brüftend.) Freilich ift die
Liebe nicht eines jeden Weibes Kinderklap-
per. —

Aftolfo. Das braucht die Leidenfchaft
nicht zu feyn, welche der edelfte Keim des
Herzens ift. Nur ein guter Boden treibt
diefe Frucht zur Reife, indeß fie auf einem
fchlechtern, ein Spiel der Winde, oder von
feiner Schwere erftikt wird. Liebe ift der alles belebende Hauch der Schöpfung, breitet
ihre Schwingen über das kleinfte Gräschen,
und knüpft die Kette der Vereinigung zwifchen

Men-

Menschen und überirrdischen Wesen. — Verzeiht, daß ich gehe, meinen kleinen Hüttenbau zu besehen, und diesem meinem Freunde, dem Ort zu zeigen, wo Freundschaft ihre Arme dem Unglüklichen immer willig entgegen streken wird.

(Mit Balandrino ab.)

Sechster Auftritt.

Elisinde. Amira. Oliane.

Oliane. Hahaha! Ein Philosoph in Liebhabertracht.

Elisinde. Er scheint ein edler, gefühlvoller Mann zu seyn. —

Oliane. (verlegen.) Wie?

Elisinde. (überlegend.) Er sprach mit so festem Tone — mit so viel Ueberzeugung. —

Amira. Daß es iammerschade war, daß er nicht einen andern Text wählte. —

Elisinde. Ich weis nicht, warum mich seine Sprache interessirt. —

Oliane. Er ist ia auch verliebt!

Eli=

Elisinde. Nicht in mich. — Wahrhaftig! wenn ich wüste, daß er mich liebte, meinetwegen hieher gekommen wär — wenigstens Mitleid würde ich ihm schenken. —

Oliane. (vor sich) O weh!

Elisinde. Dort geht er. — Auf jenem Hügel, unter den Pappeln baut er sich an. Es war immer mein Lieblingsplätzchen — und nun verbaut er mir's. —

Amira. Er muß sein Haus gleich wieder wegreissen, wenn Ihr —

Elisinde. Nein! — Es ist noch Plaz für mich neben der kleinen Hütte. —

Oliane. (vor sich) Ich fürchte! ich fürchte!

Amira. Wer weis, ob er nicht so unbescheiden ist, mit seinem Hause den ganzen Plaz zu verbauen. —

Elisinde. Das will ich ihm doch sagen, daß er mir wenigstens ein Pläzchen zu einer Rasenbank läst!

(ab.)

D   Sie-

Siebenter Auftritt.

Amira. Oliane.

Oliane. Amira!

Amira. (seufzend.) Ich verstehe dich!

Oliane. Wenn Astolfo nicht der Prinzessin ihr ganzes Sistem in Unordnung gebracht hat, so will ich gleich zur Nachteule werden!

Amira. Der Landstreicher!

Oliane. Wär er süsser und zärtlicher gewesen, so hätte er immer kommen mögen — aber auf diese Art waren wir freilich nicht gefaßt, — ich muß es selbst gestehen. Sein Stallmeister, kopirt ihn vortreflich!

Amira. Wenn die Prinzessin sich nun etwa gar, wirklich, in den Narren verliebte?

Oliane. Und er liebt eine andre. —

Amira. Da könnten schöne Sachen herauskommen!

Oliane. Wenigstens ein weiblicher Balandrino.

Amira. Das verhüten die Götter!

Olia=

Oliane. Und was wollten wir dann anfangen? Wir müsten uns wahrhaftig auch verlieben.

Amira. (seufzend,) Ja! wenn's nicht anders wär!

Achter Auftritt.

Vorige. Jassor. (ein kleinzwenig berauscht, mit der Weinflasche.)

Jassor, 's ist ein verfluchter Kerl der Zyperwein! — Aha! da komm' ich eben recht! ist's gefällig? Ein Gläschen? Indeß der König träumt, wollen wir uns auch zu angenehmen Träumen vorbereiten. Darinne ist der Zyperwein Meister. — Nun? nicht gefällig? — 's war ja diesen Morgen Euch nicht entgegen, ein Gläschen mit Euern Sklaven zu trinken. —

Oliane. (zu Amiren.) Meinst du?

Amira. Ist er gut?

Oliane. Wahrer Nektar!

Amira. Ein Gläschen allenfalls. —

Jassor. Hier! — Ich wette darauf, Ihr trinkt noch eins. Hehehe!

Amira. (trinkt.) Ah!

D 2 Jas=

Jaffor. Nicht wahr, er ist gut?

Oliane. Nun?

Jaffor. Gleich! gleich! (schenkt ein.)

Oliane. (trinkt.) Superfein!

Jaffor. Das heist: noch eins? (schenkt ein.)

Oliane. Weil's einmal eingeschenkt ist. (trinkt.)

Amira. Ich will mir doch auch noch eins ausbitten. —

Jaffor. (schenkt ein.) Herzlich gern! — 's ist doch kurios, ich habe dem Dinge schon manchmal so ganz für mich nachgedacht, wie's nur kömmt: wenn's bei den Weibsbildern nicht recht mit der Liebe fort will, so halten sie sich ans Trinken — hehehe!

Amira. Grober Kerl, denkt er; daß man sich um ein Gläschen Zyperwein zu erhaschen solche Sottisen sagen läßt? (trinkt.)

Jaffor. Ach! ich dachte gar Sottisen — es ist ia — (zu Olianen.) Noch eins? — (schenkt ein.) Keine Sottisen sind's nicht, es ist ia die Wahrheit.

Amira. (giebt ihm eine Ohrfeige.) Nicht so impertinent, wenn er mit uns spricht!

Jaf=

Jaffor. (reibt sich den Backen.) Hört! die=
se Münze sezt ausser Kours auf eurer Insel,
es nimmt sie nicht jedermann gern ein. ——
Wenn ich nicht so galant wär, so gäb ich die
Bezahlung mit Agio zurük.

Amira. Er hält's Maul, und schenkt
ein.

Jaffor. Was? ich soll einschenken?
nach so einer Behandlung einschenken? ——
gehorsamer Diener! laßt Euch einschenken
wo Ihr wollt, bei mir kehrt man nicht mit
solchen handgreiflichen Komplimenten ein. Ich
bin kein Narr — ia! ein Narr bin ich zwar,
aber nicht Eurer, und vor solche Gage wie
Ihr gebt, diene ich gar nicht.

Amira. Nun — was geschehen ist,
ist geschehen. ——

Jaffor. Das weis ich. ——

Oliane. In der ersten Hitze. ——

Jaffor. Ich will sie nicht in die zwei=
te bringen. Es ist nur ein einziger Weg zu
meiner Satisfaktion übrig.

Oliane. Nun?

Jaffor. Unversöhnlich will ich nicht
seyn, will auch noch mehr Wein hergeben,

D 3   aber

aber, blos unter der einzigen Bedingung, daß mir eine jede von Euch zwei Küsse giebt.

Oliane. (wischt ihn mit ihrem Schleier den Mund ab.) Daraus — wird nichts!

Jassor. So behalte ich meinen Wein! (setzt sich auf eine Rasenbank.)

Oliane. Du willst von Galanterie reden? weist du denn nicht, daß das die einzige wahre Galanterie ist, sich behandeln zu lassen, wie die Damen nur wollen, und alles gedultig zu ertragen, sey's Liebes oder Leides? — Bist ein feiner Zeisig!

Jassor. Jeder Narr hat seine eigene Weise so gut, wie ieder Vogel.

Terzett.

Jassor. Der Finke und der Sperling singt, doch auf verschiedne Weise; des Zeisigs Liedlein anders klingt, als wie der Sang der Meise. Die Wachtel schlägt, der Rabe krächzt, der Stieglitz pfeift, die Eule ächzt, der Gukuk schreit: Gukuk! Gukuk! Gukuk!

Amira und Oliane. Freund, laß das Singen, Singen seyn, und schenk für uns ein Gläschen ein!

Jas=

Jaffor. Die Wachtel schlägt, der Gukuk
schreit: Gukuk! Gukuk! Gukuk!

Amira. Du wirst es ganz gewiß bereun!

Jaffor. Warum? behalt ich nicht den Wein?

Oliane. Wir könnten dir wohl nützlich seyn —!

Jaffor. Versprechung zahlt nicht Zyperwein!

Oliane. Wer wird so unerbittlich seyn!

Amira. Schenk ein! Schenk ein!

Jaffor. ⎫ Des Zeiffigs Lieblein anders klingt,
⎟ als wenn der bunte Stieglitz singt!

Amira. ⎬ Reich zur Versöhnung mir die Hand!

Oliane. ⎭ Du bist wahrhaftig nicht galant!

Jaffor. Der Gukuk schreit Gukuk! Gukuk!
Gukuk!

Neunter Auftritt.

Amira. Oliane.

Amira. Er geht! —

Oliane. Ich weis nicht, was auf ein=
mal vor ein unglükliches Gestirn über unsrer
Insel waltet! — Zulezt müssen wir unser
ganzes Sistem noch umändern! Freilich wärs
nicht das erstemal in der Welt, daß ein Si=
stem geändert würde, aber es ist doch ein sehr
verdrüslicher Umstand.

D 4   Ami=

Amira. Sonst hielten es die Laffen für ein Prärogativ, wenn sie Schläge bekamen, begehrten entzükt die schlagende Hand zu küssen. —

Oliane. Unsre ehemalige Herrlichkeit ist dahin! So kamen die größten Staaten nach und nach in Verfall, und Zeiten und Umstände spielen mit den Menschen, wie wir ehmals mit den Liebhabern.

Amira. Die Umstände! die Umstände! — Wenn der Grobian nur den Wein da gelassen hätte!

Oliane. Es ist ein wahrer Jammer! — Sieh! da kömmt die Prinzessin. Ihr Götter! wie verstöhrt sieht sie aus!

Amira. Ja! ia! — sie ist wahrhaftig verliebt! Ach! das Unglück! die Schmach! die erschrekliche Schande!

Zehnter Auftritt.

Vorige. Elisinde.

Elisinde. Wie gleichgültig er mich ansah! mit welcher unbedeutenden Miene er die Rose annahm!

Amira. Was ist Euch Prinzessin?

Eli=

Elifinde. Weis ich es selbst? — Der
fremde Ritter —

Oltane. (tief seufzend.) Ach!

Elifinde. Seine Gleichgültigkeit bringt
mich auffer mir! — Und wenn er spricht!
die ganze Fülle seines Herzens ruht auf seinen Worten — nur nicht für mich! —
Ach! — Aftolfo! —

Amira. Wer hätte das diesen Morgen
geglaubt?

Elifinde. Ein unnennbares Gefühl be-
wegt diesen Busen — was ich empfinde —
fürchte — ach! ich Unglückliche! Die Liebe
straft mit unnennbaren Qualen.

Eilfter Auftritt.

Vorige. (hernach) Marzilio.

Duett.

Elifinde. Daß dieses Herz so ängstlich bebt,
was diesen Busen klopfend hebt,
ist Liebe, die mich strafend quält. —
Ach! in seinen Feuerblicken,
ruht ein seliges Entzücken,
das sich hier (aufs Herz zeigend.) mit
Schmerz vermält!

D 5   Mar=

Marzilio. (kommt.) Theure Schöne! dich
zu finden
eil ich ängstlich durch die Flur,
und um mich Bedrängten schwinden
alle Reize der Natur!

Elisinde. ⎧ Wenn ich ihn sehe,
Ach! wie klopft mein Herz!

Marzilio. ⎩ In ihrer Nähe,
schwindet aller Schmerz!

Elisinde. Ach! für mich, klopft nie
sein liebevolles Herz! —

Marzilio. Nur einen Blik von meiner
Sonne, und all die Fluren meines Herzens
grünen auf.

Elisinde. Aus Eichenholz soll ihm
sein Glük geboren werden? — — Vernich=
ten will ich, muß ich alle seine Hoffnung.
Alle Eichen dieses Eilands sollen niedergehauen,
in die See geworfen werden!

(ab, mit Amira und Diane.)

Marzilio. Elisinde! Elisinde! —
Ach! meine Sonne flieht, und läßt mich
traurig zurük. O! Grausame! nur einen Blik!
noch im Verschwinden schön! — umsonst!
(sinkt auf eine Rasenbank.)

Zwölf=

Zwölfter Auftritt.

Marzilio, Balandrino.

Balandrino. Eine Rose gab sie ihm.
Er nahm sie — reichte sie nicht mir, —
mir, der sie heiliger, als dieses Auge gehal=
ten hätte. Mich hätte diese Rose so über=
schwenglich glüklich gemacht — nur er, be=
hielt sie. Ach! Elisinde!

Marzilio. Ein Nebenbuler? — wie
Marzilio, wenn du deine Stärke, deinen Muth
probtest? vielleicht liebt sie kühne Thaten und
ist dem Tapfern hold. — Um welchen Preis,
erräng ich ihre Minne nicht! Und was ist
mein Leben, ohne den Besiz ihrer himmlischen
Liebe?

Balandrino. Elisinde!

Marzilio. Verräther! wage es nicht,
mit deinen unkeuschen Lippen den Namen der
Göttin zu entweihen, welche ich anbete.

Balandrino. Mann mit friedlicher
Seele, schone deine Zunge, sie kann den
Empfindungen meines Herzens nicht gebieten.
Ach! ich selbst, kann es ja nicht.

Marzilio. Ich liebe Elisinden.

Balandrino. Auch ich.

Mar=

Marzilio. Weißt du, wer ich bin?

Balandrino. Wer du auch bist, so wisse, die Liebe macht aus Prinzen Hirten; entreißt das Schwerd ihren Händen, wandelt Feldgeschrei in klagenden Gesang, und den Ruf der Schlachttrommete, in sanften Flötenton. — Siehst du dort jene Jünglinge, nach dem Haine wandeln? Sie seufzen alle hofnungslos für Elisinden, und keiner sucht das Recht mit Waffen zu erringen, für sie allein zu seufzen. — Seufze auch du — und ich werde dich nicht in deinen Klagen stöhren. Hier hängen meine Waffen — ich kämpfe nicht mit dir. Unter dieser Eiche erhebe sich einst mein Grabhügel, und mein Waffenruhm verhalle mit dem lezten meiner Seufzer.

Marzilio. So wage denn mit mir den lezten Kampf, und stirb für die Geliebte.

Balandrino. Ich kämpfe nicht! Ich kämpfte den Kampf der Liebe, und wurde überwunden, dies sagt dir diese Schrift. Diese Waffen trug ich einst nicht ohne Ruhm, erkämpfte manchen Preis zu Schimpf und Ernst, doch als meines Lebens trauriger Zeitpunkt mich hieher führte, errang ich nichts, als diesen Zypressenkranz. Erringe du dir den

Myr=

Myrthenkranz der Liebe, sey glücklicher als
ich, — ich kämpfe nicht!

Marzilio. Feiger!

Balandrino. Wandle ruhig deinen
Weg, und laß mich den meinigen wandeln.
Schelten bringt dich nicht zum Ziel. Wilst
du den Dank hier erringen, so fordre ihn von
Elisinden, sie reicht allein den Lorber. Und
hast du ihn errungen, so kränze deine Schläfe
siegreicher als ich.

Marzilio. Deine Kaltblütigkeit entflammt meinen Zorn! (zieht das Schwerd.) Sieg
gelt' es, oder Tod! herab mit diesen Waffen,
welche keinen Feind als Rost zu fürchten haben!
(haut nach dem an der Eiche angehängten Schwerde, und
trift die Eiche.)
(Ein starker Blizstral bricht aus der Eiche
hervor. Marzilio bebt zurük. Das
Schwerd fällt von der Eiche herab.)

Balandrino. {Verwegner!
Marzilio. {Ihr Götter!

Balandrino. (nimmt sein Schwerd.)
Tollkühner! wer du auch seyn magst, unge-
straft hast du dieses Schwerd, nicht herabge-
worfen! (zieht das Schwerd.)

Marzilio. (bebend.) Ich kämpfe nicht!

Balandrino. Heimtückischer Zwerg!
du bist nicht werth für Elisinden zu sterben.

Ent=

Entweihe nicht mehr ihr Bild mit deinen Küssen! (entreißt ihm das Bild.)

Marzilio. (fällt nieder.) Gieb mir das Bild zurük!

Balandrino. Wo ist dein Mut? — Fordre mir es mit dem Schwerde ab.

Marzilio. (springt auf.) Barbat! mein theuerstes Kleinod, hast du mir entrissen!

Balandrino. Erkämpfe es mit dem Schwerde, und dann verdienst du es wieder zu besizzen.

Kämpfend mußt du es erringen,
dieses mir so theure Bild,
mußt mich mit dem Schwerde zwingen,
dir's zu geben. — Auf! es gilt! —
Wer den Uebermut ertragen
und den Prahler strafen kann,
dieser nur kann von sich sagen,
liebend kämpft ich als ein Mann!
(ab.)

Marzilio. Wohin verberg ich mich vor Scham? — Fort aus Elisindens Augen! in jene Grotte will ich fliehen, und nur glüklicher als ich izt bin, sie verlassen!
(ab in die Grotte.)

Dreizehnter Auftritt.
Jassor. Ruttilio.

Jassor. Wie ich dir sage! — Aber, sie werden an mich denken!

Rut=

Ruttilio. Daran haſt du ſehr wohl
gethan! So ein wohlmeinender Rath, kann
den Dämchen nicht ſchaden.

Jaſſor. Wie? — ſeh ich recht? —
Ja! bei meiner Ehre! das iſt meines Königs
Schwerd. (hebt das Schwerd auf.) Was iſt
vorgegangen? Er wird ſich doch nicht etwa
gar ermordet haben?

Ruttilio. Es iſt ia kein Blut daran.
Es müſte denn ohne Blutvergieſſen, abgegan-
gen ſeyn. — Vielleicht hat ihm ſo ein
herumſchwärmender Liebhaber, in der Wut
eins verſezt —

Jaſſor. Aber, wo iſt er hin?

Ruttilio. Kann ihn ſein Rival nicht
in die See geworfen haben?

Jaſſor. Ach! die Landſtände bringen
mich um, wenn ich ohne den König wieder
heim komme.

Ruttilio. Die Landſtände?

Jaſſor. So einen Mann bekommen ſie
nicht leicht wieder zum König, wie dieſer iſt.
Die vortreflichſten Verordnnngen unterſchrieb
er während ſeiner Anwandlung von Nervenſchwäche. Sie bringen mich ohne Barmher-
zigkeit um, wenn ich ihn nicht wieder mit-
bringe.

bringe. Sie haben ihn mir auf die Seele ge=
bnnden. Ich sollte ihn nicht aus den Augen
lassen, und häbs doch gethan. — Daran
ist der verdammte Zyperwein schuld! Ach!
mein König! mein König und Herr!

(in der Grotte wird gerufen: „Jaffor!")

Jaffor. Das ist seine Stimme —

Ruttilio. Sie kam aus der Grotte —

Jaffor. Ach! iezt fällt mir das Drakel
ein — die doppelte Strafe — ich muß ihn
sehen! —

(eilt nach der Grotte!)

Ruttilio. Er liegt vielleicht in sanften
Schlummer und träumt!

Jaffor. Ach! Erbarmen! (läuft fort.)

Ruttilio. Was giebt's?

Jaffor. Ein groser Affe —

Ruttilio. Der König?

Jaffor. Vermuthlich! — (zur Grotte.)
Seyd Ihr drinnen Herr König?

Marzilio. (in der Grotte.) Ich bin's!

Jaffor. Ach! wie seht Ihr aus.
(giebt ihm einen kleinen Spiegel.) Beseht Euch
nur —

Marzilio. (in der Grotte) Ach!

Jaffor.

Jaſſor. Seine Nervenſchwäche! ſein Zufall! — Freund! erbarme dich meiner und ſeiner, und komm her! (geht in die Grotte.)

Ruttilio. (eilt in die Grotte.)

Vierzehenter Auftritt.
(Zimmer.)
Eliſinde.

Hört' ich nicht ſeine Tritte rauſchen? —
will er mich liebevoll belauſchen?
Ach! nein! — was träume ich!
dies Zittern, dieſes bange Zagen,
des Herzens ängſtlich-lautes Schlagen —!
Rund wird es Nacht um mich!
Vor meinen Augen, ſchwebt ein Schleier,
durch alle Adern rollet Feuer —
Er kömmt! — Er kömmt! —
(wirft ſich auf ein Soffa.)

Funfzehnter Auftritt.
Eliſinde. Aſtolfo.

Aſtolfo. Ihr habt befohlen —

Eliſinde. Ich wünſchte Euch zu ſprechen, um — verzeiht! es iſt ein Fehler, welchen — Ihr auf Rechnung meines Geſchlechts ſchreiben müßt, — um Euch zu fragen — ich bin gewiſſer Verhältniſſe wegen, genöthigt, zu wiſſen — woher Ihr kommt?

Aſtolfo. Von Zofirens Inſel komme ich.

E   Eli-

Elisinde. (betreten.) Daher? — Und das Orakel, sendete Euch hieher?

Astolfo. Hieher, wo Ihr so gütig wart, mir einen Aufenthalt zu verstatten.

Elisinde. (steht auf und ergreift seine Hand.) O! lieber Ritter, dies verdient keiner Erwähnung —

Astolfo. Meinen heissesten Dank —

Elisinde. Ich wünschte Euch gern mehrere Gefälligkeiten zu erzeigen. — Es fehlt Euch doch an nichts, zu Eurem Hüttenbau?

Astolfo. An nichts.

Elisinde. Ich glaube, eine gewisse Schwermut in Euern Augen zu lesen —

Astolfo. Der Blick der Hoffnung!

Elisinde. Lange harrten Menschen oft, auf die Erfüllung der Orakelsprüche —

Astolfo. Der Himmel schenke mir Mut, die Zeit der Erfüllung meiner Wünsche, standhaft zu erwarten.

Elisinde. Und am Ziele dieser Wünsche?

Astolfo. Werde ich mein Glück mit froher Dankbarkeit geniesen.

Elisinde. Ach! —

Astolfo. Elisinde seufzt?

Elisinde. (wendet ihr Gesicht weg und verhüllt es in das Schnupftuch.)

Astolfo.

Aſtolfo. Eliſinde, welche Aller Seufzer
lachte, ſeufzt?

Eliſinde. Ach! die Unglüklichen, ſind
alle gerächt! die Liebe kraft, — ich fühle
es! ihre gekränkten Rechte, doppelt an mir.
Alle ihre Qualen, hat ſie in dieſen Buſen ge=
ſchüttet, und mein Herz zu meinem eigenen
Peiniger gemacht!

Aſtolfo. Ihr liebtet?

Eliſinde. Ja, ich liebe —

Aſtolfo. Ihr liebt?

Eliſinde. Ich liebe — liebe hof=
nungslos!

Aſtolfo. Eliſinde!

Eliſinde. Welche namenloſe Pein, hüllt
ſich in das Bewuſtſeyn meines Unglüks! Ein
Raub der ſchreklichſten Flammen, wird bange
Verzweiflung ſich meiner bemächtigen. Ich
werde ſterben — und hundertfach den Stoß
des mörderiſchen Stahls empfinden, der ſeine
blutige Spur in dies Herz graben wird. —
Ja! es iſt beſchloſſen! Ich will, ich werde
ſterben! (zieht einen Dolch aus ihrem Gürtel.)

Aſtolfo. Prinzeſſin!

Eliſinde. Unbarmherziger! — auch
grauſam noch iezt, gegen mich?

Aſtolfo. Ich? — Ihr liebt —

E 2   Eli=

Elisinde. Ich liebe — liebe dich! (stürzt an seinen Hals.)

Astolfo. Welche Raserei ergreift Euch!

Elisinde. Für Dich schlägt dieses Herz — um Deinetwillen leide ich diese Qualen, — sterben muß ich, wenn Du mich nicht lieben kannst —

Astolfo. So seufzt der unglückliche Balandrino, hofnungslos für Euch, — er ist mein Freund —

Elisinde. Kann mich Astolfo nicht lieben —

Astolfo. Ich liebe Suradinen.

Elisinde. So bin ich verloren!

Duett.

Elisinde. Diese Pein, die ich empfinde,
fordert meinen Tod, mein Blut!

Astolfo. Ruhig ruhig Elisinde,
diese Pein stillt keine Wut —

Elisinde. Werft die Fackeln nur zusammen,
schleift das Opfer zum Altar,
Dido stürzte sich in Flammen,
als die Ruh verlohren war.
Blut entfloß der Herzenswunde,
Blut entfliese dieser Brust!
küssen mit entzücktem Munde,
will ich diesen Stahl mit Lust. —
Ha! es ist — es ist geschehen! —
Aus dem Orkus steigt herauf! —

wollt

wollt ihr Eure Schwester sehen?
Hier! ich komme, nehmt mich auf!
fährt mit dem Dolche nach der Brust.

Astolfo. Elisinde! *(entwindet ihr den Dolch.)*

Elisinde. *(sinkt in seine Arme.)* Um Erbarmen
fleh' ich! — laß in deinen Armen
finden mich der Liebe Glück.

Astolfo. Suradinen schwur ich Liebe —

Elisinde. Nimm den falschen Schwur zurück!

Astolfo. Schwur ihr ewig treu zu seyn,
und dies Herz und meine Liebe,
gehen keinen Wechsel ein!

Elisinde. *(entwindet sich seinen Armen.)* Rache,
wandelt Lieb' in Feuer
wehe deiner Lieb' und Dir!
finde nun ein Ungeheuer,
eine Furie in mir.
Deine Hofnung soll verschwinden,
wie des Irrlichts Gaukelschein,
wirst du Suradinen finden,
soll sie kalt, wie Marmor, seyn. —
Dann an deinen Leiden laben
will ich mich mit kaltem Blut,
mich mit dir und ihr begraben —
Ha! wie süß doch Rache thut.

Astolfo. Wahnsinn spricht aus deinem
Munde,
all dein Droh'n ist Raserei!

Elisinde. Ewig fluch ich eurem Bunde,
Rache, ist mein Siegsgeschrei!
(beide auf verschiedenen Seiten ab.)

Drit=

Dritter Aufzug.
(Garten mit Lauben.)

Erster Auftritt.
Ruttilio.

Es ist mir doch so sonderbar,
ich weis nicht wie, so wunderlich!
Ich glaub' es ist die Liebe gar
die sich bei mir, ganz säuberlich
will wohnhaft niederlassen! —
Das wär mir so der rechte Gast! —
Ja! ia! hier (aufs Herz) liegt's wie Zent=
nerlast —
nein! nein! damit ist nicht zu spasen!
(fühlt ans Herz.) Ja! ia! 's ist richtig! es
klopft wie ein Hammer! o weh! o weh! muß
mich die Thorheit so auf einmal, wie ein
Fieber überfallen, und noch dazu, hier, wo
die Liebe unter die Kontrebande gehört. Ei!
ei! Ruttilio! — Ach! bei meiner Treue!
da kömmt die kleine Hexe! — Es ist am
besten, ich gehe, und vermeide die Gelegen=
heit, sie zu sehen. — Aber, das Sehen hat
man ia umsonst! — Es ist am besten, ich
bleibe, denn sie hat mich schon gesehen, und
möchte etwa denken, ich fürchtete mich vor
ihr. Also—geblieben! (will ganz unbefangen
thun, geht umher und trällert.)

Zwei=

Zweiter Auftritt.

Ruttilio. Oliane (mit einem Körbchen mit Aepfeln.)

Oliane. Seine Dienerin Herr Stallmeister —

Ruttilio. Euer Sklav!

Oliane. So aufgeräumt!

Ruttilio. O ia! ich bin entsezlich aufgeräumt!

Oliane. Ists gefällig ein Aepfelchen?

Ruttilio. Wenns erlaubt ist?

Oliane. Nehme er sich!

Ruttilio. (nimmt Aepfel.) Scharmante Aepfel! — ein niedliches Körbchen — und eine noch niedlichere Hand, die es trägt.

Oliane. Auf einmal so galant! Wie hoch taxirt der Herr Stallmeister diese Hand?

Ruttilio. Für den Liebhaber ist sie unschäzbar.

Oliane. Und nach eigener Taxe?

Ruttilio. (vor sich) Herz gefaßt! — Nach eigener Taxe? Ein paar hundert Küsse. (küßt ihr die Hand.)

Oliane. Sehr lose! (vor sich) der ist verliebt!

Ruttilio. (vor sich) Sie ist ia ganz zahm geworden!

E 4   Oliane

Oliane. (vor sich) Je nu! wenn wir uns einmal zur Liebe bequemen müssen —

Ruttilio. (vor sich) Was sie vor Augen hat!

Oliane. (vor sich.) Er ist gut gewachsen —

Ruttilio. (vor sich.) Eine Taille wie eine Spindel!

Oliane. So still?

Ruttilio. Ich mache Bemerkungen.

Oliane. Worüber wenn man so frei seyn darf, sich zu erkundigen —

Ruttilio. Ueber —über die nächsten Gegenstände —

Oliane. Also, vermuthlich, über meinen Korb?

Ruttilio. Hm! — ja! —

Oliane. Ich kann damit aufwarten, wenn er gefällt.

Ruttilio. Einen Korb zu bekommen — darauf bin ich eben so sehr erpicht nicht — aber — die Nachbarschaft des Korbes — (vor sich.) Sie wirds doch merken!

Oliane. Das wär ich wohl gar selbst?

Ruttilio. 's kömmt mir auch so vor.

Oliane. Gefall ich dem Herrn Stall= meister?

Rut=

Ruttilio. Wenn ich weis, daß ich Euch gefalle, — ia!

Oliane. (vor sich.) Was sage ich?

Ruttilio. (vor sich.) Sie delibrirt!

Oliane. (vor sich.) Ich möchte es doch gern ein wenig verblümt geben!

Ruttilio. (vor sich.) Es währt lange! es wird mir so schauerlich! — sie wird mich doch nicht etwa ablaufen lassen. Das wär ein verfluchter Streich!

Duett.

Oliane. (vor sich.) Wie kömmt es mir so sauer an,
das kleine Wörtchen endlich auszusprechen!

Ruttilio. (vor sich.) Spräch sie: du bist für
mich kein Mann;
Das wär ein Aerger, zum Erstechen.

Oliane. Ich bin —

Ruttilio. Was denn?

Oliane. Nicht abgeneigt —

Ruttilio. Mich — ist es Ernst? — zu lieben?

Oliane. Nun ja —

Ruttilio. Jezt bin ich federleicht!

Oliane. Ich könnte ihn wohl lieben, —
Doch wenn er nun von hinnen zieht?
Dann wird er mich vergessen!
und wenn er eine andre sieht,
macht er bei der Progressen.

E 5   Rut=

74

Ruttilio. Mein Kind, ich bin nicht flatterhaft,
    wie andre junge Laffen,
    was einmal mir Vergnügen schaft,
    wird's immer mir verschaffen.
    Und, ziehen wir von hinnen —

Oliane. Dann, hörst du auf zu minnen! —

Ruttilio. Dann nehm' ich dich als Weibchen fein,
    auch mit vor allen andern.

Oliane. Wenn's das ist — nun, so schlag ich ein,
    und will gern mit dir wandern.

Ruttilio. So bist du mein?

Oliane. Nun bin ich dein!

Beide. Nichts soll mich von dir trennen.

Dritter Auftritt.
Vorige. Jassor.

Jassor. Aha! Arm in Arm! — Nun, laßt Euch nicht stöhren Kinderchen, ich habe nichts dawider!

Ruttilio. Und du verläßt deinen Herrn?

Jassor. Ich habe ein paar Ritter bei ihm gelassen. Es ist mein Seel! ein rührender Anblick, einen König, in einen Affen verwandelt zu sehen.

Oliane. Der König, in einen Affen verwandelt?

Jassor. In der Grotte sizt er, weint wie ein Kind, und schämt sich herauszugehen. Wenn er die Gestalt nicht wieder verliert, so
        weis

weiß ich nicht, was ich mit ihm anfange. Die Reichsräthe liessen mich lebendig verbrennen, wenn ich so eine Satire mitbrächte, und sie vor ihren König ausgeben wollte. Daß beste ist nur, daß man ihn noch an der Stimme erkennt, daß er es ist, sonst hätten mich seine Ritter schon längst bei den Beinen aufgehängt. — Ihr glaubt gar nicht, was man bei uns alles von einen Hofnarren fordert. Er soll schlechterdings vor alles stehn, was den König außer Landes zustößt. — Aber sagt mir doch, warum die Prinzessin alle Eichen auf der Insel niederhauen läßt?

Oliane. Um die Erfüllung eines Orakels zu hindern.

Ruttilio. Was? das geht meinen Herrn an!

Oliane. Leider! — die arme Prinzessin! Sie ist in deinen Herrn —

Ruttilio. Doch nicht verliebt?

Oliane. Zum sterben.

Jaffor. Bravo!

Ruttilio. Da kömmt sie unrecht an.

Jaffor. Es kann ihr nichts schaden! Sie hat's andern auch nicht besser gemacht. Jezt wird sie sehen, wie es ist, wenn man sich so vergeblich zerquält.

Rut=

Ruttilio. Warst du auch in der Lage?

Jaffor. Mehr als einmal! Jezt aber, da mir das Prädikat eines Narren in Gnaden ertheilt worden ist, bin ich klug geworden. — Aber, der Herr Stallmeister, scheint nicht so spröde, wie sein Herr, zu seyn.

Ruttilo. Dies macht, ich bin noch nicht, wie mein Herr schon versagt.

Oliane. Wer weis es!

Ruttilio. Darauf must du's nun wägen!

Oliane. Es ist schon gewagt! — Nur bereuen laß mich es nicht, sonst —

Ruttilio. Sonst?

Oliane. Lauf ich fort! Adie! Herr Stallmeister! (läuft ab.)

Ruttilio. Du wirst doch Spas verstehen, Närrchen! (läuft ihr nach.)

Vierter Auftritt.

Jaffor.

Da sehe nur einmal ein Mensch an! vor ein paar Stunden, that er noch, als wenn er sich um kein Weibsbild auf der ganzen Insel, nur so viel, bekümmerte, und jezt, läuft er einem Mädchen nach, die ihm — ohnehin nicht davon läuft. Was doch der Mensch für ein ewiger Widerspruch ist!

Wie

Wie sich die Wetterfahne dreht,
bald hier — bald da — bald dorthin, steht,
so ändert sich der Menschen Sinn.
Erst so — nun so! — Am Ende, trillt der Sturm,
sie, wie das Fähnlein auf dem Thurm
im Wirbelwind, bald her, bald hin!
  Bald her, bald hin!   (ab.)

Fünfter Auftritt.

(Der Platz mit der Eiche und Grotte, wie
zu Anfang des zweiten Aufzugs.)

Balandrino (liegt unter der Eiche.) **Oskar.**
Bediente (mit Aexten, Sägen, Beilen ꝛc.)

Oskar. Jezt, wird's ein Stückchen
Arbeit geben! Seht einmal den Kerl an! der
muß über 2000 Jahr alt seyn. — Herr Rit=
ter steht ein wenig auf, und nehmt Eure Waf=
fen herab.

Balandrino. Was wollt ihr?

Oskar. Die Eiche soll umgehauen werden.

Balandrino. (springt auf.) Wie? —
Untersteht Euch nicht, eine Art anzulegen!

Oskar. 's hilft nichts! die Prinzessin
hat's befohlen.

Balandrino. Wer sich der Eiche naht,
sie zu verletzen, der ist des Todes! (zieht das
Schwerd.) Hier habe ich meine Waffen aufge=
hängt, dies ist der Ort meines Aufenthalts,
und diese Eiche, unter deren wohlthätigen
        Schat=

Schatten ich täglich weilte, werde ich nicht beschädigen lassen.

Oskar. Aber, wie gesagt, die Prinzeſſin, hat's befohlen. Was können wir davor?

Balandrino. Geht, und ſagt ihr, ich würde dieſe Eiche mit meinem Blute vertheidigen.

Sechster Auftritt.

Vorige. Eliſinde (mit zerſtreuten Haaren und allen Kennzeichen der Raſerei.)

Eliſinde. Nieder mit der Eiche!

Balandrino. Bei meiner ritterlichen Ehre, der erſte Hieb koſtet Blut.

Eliſinde. Balandrino? was habt ihr hier zu befehlen? ich gebiete, und ihr gehorcht.

Balandrino. Prinzeſſin — dieſe Eiche — ach! es iſt meine einzige Wohlthäterin auf dieſer Erde — in ihrem Schatten —

Eliſinde. Ihr ſeyd ein Narr!

Balandrino. Eliſinde!

Eliſinde. (entreißt einem Diener die Axt und thut einen Hieb in die Eiche.) Nieder, die Eiche! (Blitze, ein heftiger Donnerſchlag.)

Eliſinde. (läßt die Axt fallen und bebt zurück.) Ihr Götter! (Oskar, und die Bedienten, laufen davon.) (Blitze und Donnerſchläge. Die Waffen, nebſt der Innſchrift ſtürzen herab.)

Balandrino. Sonderbar!

Eliſinde.

Elifinde. Ha! diese Eiche! sie ist es! — diese unglükschwangere Eiche! ausgerottet — Fackeln! Fackeln her! (stürmt ab.)

Balandrino. (liest die zerstreuten Waffen zusammen..) Elifinde — diese Eiche — ihre Wut — wie soll ich das erklären? Wär's Astolfos glückliches Orakel? — diese Eiche? — wo ist er? Hier — hier findet er seine Suradine! (ab.)

Siebenter Auftritt.
Jassor.

Ich habe doch donnern hören, und überall ist heiterer Himmel. — Gewiß wieder ein Zauberdonnerwetter! — (nach der Grotte.) Herr König! — Herr König! —

Achter Auftritt.
Jassor. Marzilio (kömmt in Gestalt eines alten Greisen, mit schneeweißem Haar und Bart, buklicht, auf eine Krüke gestützt, in schwarzer, langer Kleidung heraus.)

Marzilio. Was willst du?

Jassor. Seyd ihr es selbst? Eine neue Verwandlung? Aus einem Affen, in einen alten, verständigen Mann — dazu finde ich die Skala nicht, in der Natur, da sie doch einmal keinen Sprung machen soll.

Marzilio. Jassor!

Jas-

Jassor. Ihr seyd also wirklich mein König?

Marzilio. (sezt sich nieder.) Ich bin sehr schwach —

Jassor. Die Schwäche also, doch bei=
behalten? — Das ist die doppelte Verwand=
lung, von welcher das Orakel sprach, und
nun wird das versprochene Glück gewiß auch
bald nachfolgen.

Marzilio. Mein Uebermut, wurde be=
straft — wenn nur auch meine Liebe, belohnt
würde.

Jassor. 's wird sich alles fügen nur
Gedult!

Marzilio. Leite mich ins Thal, daß
ich mich an dem Wohlgeruche der Blumen
erquike.

Jassor. Kommt nur! ich will auch schon
für ein gutes Gläschen Herzstärkung sorgen.

Duett.

Jassor. Der Wein giebt Mut und neue Kräfte,
    macht frisches Blut, verdünnt die Säfte,
    er ist das schönste Elixir!

Marzilio. (steht auf.) Ich zittre — warte, —
                  kann kaum stehen —

Jassor. Nur Mut gefaßt, es wird schon gehen.

Marzilio. Nur sachte! sachte!

Jassor. Kommt mit mir. (faßt ihn an.)

                           Mar=

Marzilio. Gemach! gemach! nicht zu geschwinde!
ein Alter, gleicht dem schwachen Kinde,
er wankt mit ungewissem Tritt.

Jassor. Ihr könnt Euch ja auf mich verlassen,
und dürft nur diesen Arm hier fassen. —

Wir gehen langsam Schritt vor Schritt.

Marzilio. Geh langsam! — so, — nur Schritt vor Schritt.

(beide ab.)

Neunter Auftritt.

Elisinde (mit einer brennenden Fakel.) **Amira, Oskar, Bediente** (alle mit brennenden Fakeln.)

Astolfo. Balandrino.

Elisinde. Holz herbei! legt an! zündet an!

Astolfo. Prinzessin!

Elisinde. Aus meinen Augen, Uebermüthiger!

Balandrino. Theuerste Elisinde!

Elisinde. Laßt mich! Euer Bitten ist vergebens. In Feuer stehe die Eiche, Flammen sollen sie, wie mich verzehren.

Astolfo. Wozu treibt dich diese Raserei!

F   Eli

Elifinde. Fürchte meine Raferei!

(man legt dürres Holz an, welches Elifinde anzündet.)

Balandrino. Keine Bitte vermag dich zu bewegen ——

Elifinde. Ha! verbreitet Euch ihr verheerenden Flammen, zerstöhrt den Altar seiner Hofnung, und ich frohloke!

(die Flamme lodert auf. Ein heftiger Donnerschlag.)

Astolfo. Zurück! ——

(Einige Blizze fahren unter starkem Donner herab. Die Felsenwände verschwinden. Ein kleiner, auf Säulen ruhender Tempel, mit einem Altar, zu welchem Stufen führen, mit Gebüsch umgeben, steht statt der Felsen da.)

(In dem nämlichen Augenblik, zerschmettert ein Bliz die Eiche, welche in Trümmern zusammen stürzt.)

Zehnter Auftritt.

Vorige. Suradine. (ganz weiß gekleidet, mit gelokten Haaren, steht gleich einer steinern Statue, leblos, auf einem kleinen Postumente, in der Hölung der zersplitterten Eiche.)

Elifinde.   Ha! was seh ich!
                     (läßt die Fakel sinken.)

Balandrino.   Suradine!

Astolfo.   Suradine!
              (wirft sich vor ihr nieder..)

Amira.   Welche Begebenheiten!

Astolfo.

Aſtolfo. Du biſt es! Du biſt es! Das iſt deine himmliſche Geſtalt! Rede! — Sie ſchweigt. — Kalt wie ein unbeſeeltes Marmorbild. Erfüllt iſt das Orakel. — Ach! wird es dir auch deine Sprache wiedergeben? Oefnet euch, holdſelige Lippen. Redet!

Eliſinde. Vergiftet ihn durch wollüſtige Küſſe, und haucht ihm verderbenden Athem zu.

Balandrino. Grauſame!

Eliſinde. Wer hat Mitleid, mit mir?

Aſtolfo.

Dein Herz klopft nicht,
Kein Puls ſchlägt in der Marmorhand,
Von dem Geſicht,
Die Pracht der Purpurroſe ſchwand!
Kein zärtliches Gefühl durch Lächeln ausgegoſſen!
Die Lippen ſind verſchloſſen,
Die Augen, zeigen nicht den hellen Himmel
offen! —
Darf ich dich nicht belebt zu ſehen, hoffen?

Eliſinde. Nie müſſe der Himmel Deine Bitten erhören, nie Dich glüklich machen!

Aſtolfo.

Aſtolfo. Weide Dich an meinen Schmer=
zen, Grauſame!

Eliſinde. Wie Du Dich an den
meinigen.

Balandrino. Und ich? — Ach!
Eliſinde fühlſt Du nun die Qual, welche Du
liebenden Herzen bereiteteſt?

Eliſinde. Ich fühle — liebe, und leide!

Aſtolfo. Suradine! — (ſchlingt ſeine
Arme um ſie und bedeckt ſie mit Küſſen.) Suradine!
Ach! könnte ich Feuer und Leben in dieſen kal=
ten Marmor küſſen!

Eilfter Auftritt.

Vorige. Jaſſor. Marzilio (in ſeiner
natürlichen Geſtalt.) **Oliane. Ruttilio.**

Ruttilio. Was geht hier vor?

Oliane. Die ganze Gegend iſt umge=
ſchaffen!

Ruttilio. Das Orakel iſt erfüllt!

Jaſſor. Seht nur! ſeht! Marmor —
eine Dame — ein Ritter —

Marzilio. Wär es möglich? Meinen
längſt verlornen Bruder, ſollte ich in den
kalten Armen eines toden Bildes fin=
den, verhies mir das Orakel, und — dieſer —?

Jaſ=

Jaffor. Er ist es ganz gewiß!

Marzilio. Ritter — wer bist du? erlaube mir diese Frage.

Astolfo. Ein Unglüklicher!

Marzilio. Wo ist dein Vaterland?

Astolfo. Ich wurde jung meinen Eltern von dem Zaubrer Astarto entrissen, Zofira befreite mich aus seinen Händen, zog mich gros, und sagte einst zu mir, Antor sey mein Vaterland —

Marzilio. Antor?

Astolfo. Ich sey ein Prinz —

Marzilio. Du bist mein Bruder! der Bruder des Königs von Antor. (umarmt ihn.) Ist nicht Astolfo dein Name?

Astolfo. So nennte mich die Fee.

Marzilio. Du bist's! — Das Orakel, verhies mir, dich so zu finden, wie ich dich fand.
(Eine plözliche Helle erleuchtet die Gegend.)

Ein unsichtbares Chor (singt.)

Sie kömmt! sie kömmt!
Beginnet, frohe Tänze,
streut Blumen aus und Kränze.
Sie kömmt! sie kömmt!

und

und Heil und Seegen,
wallt uns mit ihrem Tritt entgegen.
Sie kömmt! sie kömmt!

Zwölfter Auftritt.

Vorige. Zofira. Silphen. Gnomen.

Astolfo. Zofira!

Zofira. Deine Freundin kömmt, sich deines Glüks zu freuen. Du hast deinen Bruder, du hast Surabinen gefunden.

Astolfo. Gefunden — aber ohne Leben!

Zofira. Vertraust du nicht auf meine Hülfe?

Astolfo. Ganz allein.

Zofira. Surabine wurde dir von Astarto geraubt, von dem nemlichen Zaubrer, den ich einst dich entriß, und der sich auf diese Art an dir rächen wollte, weil mein Schutz, dich vor seinen Gewaltthätigkeiten sicherte. Der Talisman von mir, beschüzte Surabinens Ehre. Astarto, als er sah, daß er seine schändlichen Absichten nicht erreichen konnte, zauberte Surabinen als Marmorgestalt in diese Eiche, und erschwerte ihre Erlösung durch die Verwünschung: daß sie nur dann erlöst werden könne, wenn

wenn die sprödeste Schöne von dem getreusten Liebhaber einer andern Dame, besiegt würde, wenn Brüder sich bei diesem Bilde erkennten, und wenn ein König mit Affensprüngen zum Greisenalter schritt. Dies geschah durch meine Kunst, und also werdet Ihr mir Eure wohlgemeinten Verwandelungen verzeihen!

Marzilio. Mit vielem Vergnügen.

Jassor. Aha! so hängt die Sache zusammen! Man wird doch nie eher in solchen Sachen recht klug, bis man weis, warum alles eben so, und nicht anders, zugieng.

Zofira. Alles ist erfüllt!

Astolfo. Nur Suradine ist noch nicht belebt.

Zofira. Ungeduldiger! Werde ich eins thun, und das andere vergessen? (nimmt einen Silphen Kräuter ab.) Diese Kräuter, opfre auf jenem Altar der Flamme auf.

Astolfo. (eilt nach dem Altare im Tempel, und zündet die Kräuter zur Flamme an, durch eine Fackel, welche ihm ein Silphe reicht, indeß er davor kniet.)

Elisinde. Ich Unglükliche!

Zofira. Elisinde! Grausame, die sich mit Entzüken an den Qualen der Unglüklichen weidete, welche ihre Liebe von Sinnen brachte!

F 4　　　　die

die Liebe hat ihre Rechte über dich ausgeübt, und ich werde dich für deine grausame Spröbigkeit bestrafen. (berührt Balandrino mit ihrem Stabe.) Du bist geheilt von deiner Empfindung zu diesem weiblichen Ungeheuer, und deine Leiden, werden sich in den Armen einer zärtlichen Gattin, in wonnevolle Freuden verwandeln. — Dir, König Marzilio, habe ich auch eine, wie ich hoffe, erfreuliche Nachricht zu bringen. Deine unansehnliche Gestalt, ist nicht deine natürliche. Der deinem Hause ungünstige Astarto, raubte sie dir schon in deiner Kindheit. In dem Quell, welcher bei jenem mit Zypressen besezten Hügel fliest, wirst du, ehe wir noch dieses Eiland verlassen, dich in deiner natürlichen, guten Gestalt zum erstenmale wiedererbliken.

Marzilio. Theuerste Gebieterin! wie kann ich dir für diese erfreuliche Nachricht genugsam danken!

Jassor. Ei! werden die Reichsstände gucken! Das wird ein Jubel seyn! Da giebts in Antor gewiß wieder Ehrenpforten, Illuminationen, und Nationalfeste! — Wie das Orakel so schön erfüllt worden ist! Nach den Verwandlungen, das Entzüken. Richtig! 's geht alles, wie nach Regeln!

Mar

Marzilio. Liebenswürdigste aller Prinzessinnen — ich bleibe meiner Liebe zu Euch, getreu bis in den Tod. Wolltet ihr nicht mehr so grausam seyn so —

Zofira. Es wär zu spät!

Marzilio. Zu spät?

Zofira. Das Schikfal verlangt, daß Elifinde nie die Freuden liebevoller Vereinigung empfinden, sondern mit ihren Gesellschafterinnen auf diesem Eilande, ohne männliche Gesellschaft, ihre Tage mit dem peinigenden Gefühle verleben soll, daß sie selbst an ihrer Strafe schuld ist.

Oliane. (fällt vor ihr nieder.) Aber wir —?

Amira. (fällt nieder.) Was haben wir verbrochen?

Zofira. Ihr habt ihren Launen geschmeichelt und den unglüklichen Liebhabern so verächtlich begegnet, wie eure Prinzeffin selbst.

Ruttilio. (kniet nieder.) Ich habe Wort und Hand von Olianen erhalten. — Laßt euch erbitten und verdammt die Unglückliche nicht zu einer so harten Strafe. Sie war im Dienste der Prinzessin, und wär von ihr fortgeschikt worden, hätte sie nicht ihren Willen erfüllt. Sie ist gewiß unschuldig —

F 5 Oliane.

Oliane. Das bin ich! Es war mir nie so ums Herz, wie ich mich stellte, als iezt, da ich den wackern Ruttilio liebe —

Zofira. Liebt euch!

Ruttilio und Oliane. (stehen auf, küssen der Fee die Hände und umarmen sich.)

Amira. (steht auf und tritt zu Jassor.) Sag, ich liebte dich und du liebtest mich.

Jassor. Gehorsamer Diener! es ist ia nicht wahr.

Amira. Was thut das? sag's nur!

Jassor. Schatz! Die Feen belügt man so leicht nicht. Zofira merkte gleich, daß es nicht wahr wär, wenn ich dir auch den Gefallen thun, und sprechen wollte: ich liebte dich. Ueberleg's selbst — es geht ia nicht an!

Amira. Unbarmherziger Kloz! (verläßt ihn unwillig.)

Jassor. Nun soll ich unbarmherzig seyn! — Wie macht man's nur den Weibern recht?

Astolfo. (kömmt vom Altar zurük und nähert sich Suradinen.)

Suradine. (fängt an sich zu bewegen, und wird nach und nach ganz belebt.)

Astolfo. Ihr Götter! Suradine! meine
Liebe!

Liebe! meine Wonne! sie lebt! sie lebt!
(führt sie hervor umarmt und küßt sie.)

  Suradine. Astolfo!

Chor der Silphen und Gnomen.

  Vergolten wird Treue
  liebenden Herzen!
  Jezt schwinget aufs neue
  Amor die Kerzen.
  Sie leuchten, sie flammen,
  sie lodern zusammen
  zum stralenden Brand!

Astolfo. Wonne reicht in Zauberschalen
  Liebe mir durch deine Hand.
  Ach! dahin sind Schmerz und Qualen,
  die ich all' um dich empfand.

Suradine. Kann die Liebe dich beglüken,
  wirst du ewig glüklich seyn.

Astolfo. Welch ein seliges Entzüken!
  Suradine, du bist mein!

Marzilio. Dieses Herz fühlt deine Freuden,
  brüderlich mit dir vereint.

Astolfo. Bester Bruder! von uns beiden
  stets geliebt als erster Freund!

Balandrino. Um den Kranz der Freundschaft
    windet,
  Dir, dein Freund das Rosenband,
  wünscht, daß er die Freundin findet,
  wie sein treuer Freund sie fand.

       Astolfo.

Astolfo.

Suradine. { Holde Liebe wird dir geben
auch des Herzens Minnelohn.
Schöne Liebesgötter schweben

Marzilio. froh um reiner Liebe Thron.

Elisinde. Welche Qualen! welche Pein, —
foltern dies Herz! —
O! welch ein Schmerz,
verlassen zu seyn!

Astolfo.

Suradine. { Freundschaft und der Liebe

Marzilio. Freuden,
werden ewig uns begleiten

Balandrino.

Oliane. auf des Lebens Blumenpfad!

Ruttilio.

Elisinde. Jede Blume muß verblühen,
Jede Rose muß verglühen,
die auf eurem Weg ihr saht!

Astolfo.

Suradine. { Keine Freuden schwinden nimmer!

Marzilio.

Balandrino. Dieses Herz bleibt froh auf immer,

Oliane.

Ruttilio. Seligkeit lohnt Liebestreu!

{ Froh ein Gläschen Wein zu trinken,

Jassor. sanft berauscht zu Boden sinken,
ist der Freude Konterfei!

Chor. Seligkeit lohnt Liebestreu!

(Zofira

(Zofira reicht Balandrino und Marzilio ihre Arme,
welche sie abführen, indem sie den Stab schwingt,
worauf der Tempel verschwindet, und alles dunkel
wird. — Aſtolfo und Suradine, Ruttilio und
Oliane folgen ihr. Jaſſor mengt ſich unter die
Silphen und Gnomen und folgt mit denſelben der
Fee. — Niemand bleibt zurük als Eliſinde und
Amira.)

(Der Donner rollt. Blize durchkrenzen ſich im Dun-
keln. Die Muſik macht den Eingang zu folgenden Reden, welche wie im Melodrama unter
Muſikbegleitung, geſprochen werden.)

Eliſinde.

Sie gehen! — laſſen mich thränend zurük! gefoltert von der ſchreklichen Pein hof-
nungsloſer Liebe! —

Zofira! — Grauſame! — umringt mit
allen Schreken der Natur, läſt du mich hier,
kämpfend mit Liebe und banger Verzweiflung! —

Unglükliche, welche Tauſenden ein entzüktes
Lächeln mit einem Blike abdrang, hier ſtehſt
du allein, verlaſſen —

Amira.

Prinzeſſin!

Eliſinde.

Geh! verlaß mich auch! —

Amira.

Ich verlaſſe dich nicht.

Eli-

Elisinde.

In Wäldern bei wilden Thieren, will ich Erbarmen, bei Tiegern Mitleid und Gesellschaft suchen. —

Ach! mein Herz! —

O! welche Empfindung durchbebt mein Innres! —

Und diese schrekenvolle, dunkle Nacht — Der Donner rollt — o! ihr schwebenden Blize, wo sucht ihr das Ziel? (auf das Herz.) Hier! hier ist es —

Hier! — dieser Kampfplaz einer Leidenschaft, die mich unglüklich macht. Vernichtet ihn, wohlthätige Blize, verdoppelt die Stärke eurer Pfeile, leert euren Köcher krachende Wolken in diesen Busen, welchen der Schmerz mit tausendfachen Qualen zerreist. —

Ha! (phantasirend.) Sie steigen ins Schiff — sie fliehen das Eiland der Unglüklichen so fröhlich — ha! wie wonnetrunken Suradine an Astolfos Bliken hängt — er schlingt seinen Arm um sie — sie küssen sich —

O! ihr Wellen des Meers werft Bergen gleich euer schäumendes Haupt empor; zerbrecht

brecht das Schiff welches über eure fürchter=
lichen Abgründe führt.   Vereinigt euch flam=
mende Bltze mit den erzürnten Wellen. Heu=
let laut ihr fessellosen Winde, brüllt laut in
das krachende Getös des rollenden Donners,
zerschmettert das Schiff, in welchem die Liebe=
beglükten, auf ungestümen Meere schweben! —
(sie stürzt auf eine Rasenbank.)

Ein unsichtbares Chor.

Du hast den Zorn der Götter entflammt,
sie haben dich, zu leiden, verdammt!
Du triebst mit der Liebe dein neckendes Spiel,
jezt bist du geworden ihr qualvolles Ziel!

Elisinde.   (stürzt wild auf.)

Ihr rollenden Donner, ihr treffenden Flammen,
ihr Wellen und Stürme, verbindet zusammen,
verfolget auf Fluten das liebende Paar,
ich weihe dies Herz euch zum Opfer=Altar.
Zum Unglük geboren,
zu leiden erkohren,
durchirr' ich dies Eiland, in furchtbarer Nacht,
und flehe um Rache, erflehe den Tod.
Erbarmt euch ihr Götter! in Jammer und Not
hat Liebe so grausam, mich Arme, gebracht!
(sie irrt verzweiflungsvoll umher und zieht einen Dolch.)
Astolfo! — Verräther! —   (scheint etwas zu
                packen.)   zum Jubelgeschrei!
Ihr Furien eilet — auf! eilet herbei!
ich hab' ihn — sein Herz schlägt — es schlägt
                nicht für mich —

                                    Du

Du zitterst — du bebest — du sträubst dich —
du sollst nicht der Rache der Liebe entgehen —
ha! Wonne — Entzücken! mich rühret kein
Flehen!

Zur Rache! zur Rache! — Erinnen herbei!
erhebet frohlokend ein Jubelgeschrei!
Auf! schüttelt die leuchtenden Fakeln zum
Brand!
entzündet die Flamme, und stärkt diese Hand.
Er sterbe! —
(scheint ihn mit dem Dolche zu durchstosen — wirft den
Dolch weg, und sinkt auf eine Rasenbank.)

www.ingramcontent.com/pod-product-compliance
Lightning Source LLC
Chambersburg PA
CBHW031438270326
41930CB00007B/768